Vorwort

Vor allem zu besonderen Anlässen wie Geburtstagen, Hochzeiten oder Taufen freuen wir uns auf liebevoll hausgemachte Torten. Wer nun direkt an die Buttercremetorte denkt, wird feststellen: Es gibt auch viele andere köstliche Tortenrezepte, die sehr einfach umzusetzen sind.

Die 25 Torten, die Sie in diesem Buch erwarten, sind für Anfänger und Torten-Profis geeignet, denn die Rezepte bieten immer genug Spielraum für eigene, kreative Ideen. Sie werden sehen, wie viel Spaß es bereitet, dem Krümelmonster den Mund voller Kekse zu dekorieren und den Farbverlauf in der Ombré-Torte zu definieren.

Eines ist jedoch immer wichtig bei Tortenprojekten: Unter Zeitdruck kann schnell die Lust in Frust umschlagen. Nehmen Sie sich also genügend Zeit, um Ihre Backkünste zu zeigen.

Wir wünschen viel Spaß mit den 25 begeisternden Tortenrezepten.

Inhalt

Süße Kunstwerke

Torten sind zwar etwas aufwendiger als ein normaler Rührkuchen – aber es lohnt sich. Die Hingucker schmücken nicht nur die Familienfeier, sondern können auch für große Augen im Büro sorgen. Die vielen Rezepte in diesem Buch sind für Anfänger und Fortgeschrittene geeignet und geprüft. Mit den folgenden Tipps werden auch Sie zum Profi-Konditor und spätestens, wenn Ihre Gäste ins Schwärmen geraten, oder Sie sich das Stück Torte auf der Zunge zergehen lassen, ist die vorherige Arbeit schnell vergessen.

1. Torten brauchen Zeit

Bringen Sie auf jeden Fall genug Zeit mit. Mit viel Ruhe und ein bisschen Planung gelingt Ihnen jede Torte. Am besten backen Sie die Böden schon am Vortag. Auch die Cremes können schon gut durchkühlen, wenn sie vorher gemacht werden. Dies gilt auch für Marmeladen, süße Dips und den Lemon Curd. Machen Sie hiervon doch gleich eine größere Menge, dann haben Sie noch etwas zum Verschenken oder fürs Frühstück.

2. Platz im Kühlschrank

Bringen Sie Ihren Kühlschrank auf Vordermann und räumen Sie schon einmal auf, um bzw. frei. Eine Torte braucht immer genügend Platz.

3. Springformen

Verzweifeln Sie nicht, falls Sie im Besitz von „nur" einer Springform sind: Wenn zwei oder drei Formen angegeben sind, kann man sie entweder nacheinander backen oder – wenn es von der Höhe passt – einen Boden backen und diesen dann durchschneiden. Haben Sie nur eine größere Springform, schneiden Sie den Boden nach dem Backen einfach auf die passende Größe.

4. Wetter

Die meisten Cremes mögen kein feucht-schwüles Wetter. Wenn möglich, sollten alle Zutaten auf eine Temperatur gebracht werden. Arbeiten Sie beim Zufügen von Fett, wie z. B. Margarine, Butter und Öl tropfen- bzw. löffelweise.

5. Backofen

Behalten Sie beim Backen immer den Tortenboden im Auge. Jeder Backofen ist anders. Manche Backöfen heizen z. B. sehr einseitig, d. h. der Kuchen muss nach der Hälfte der Zeit gedreht werden. Falls der Kuchen zu dunkel wird, sollte er mit Alufolie abgedeckt werden. Nicht immer ist Heiß- oder Umluft erwünscht! Wenn man die Oberfläche saftig/feucht haben möchte: Umluft aus. Wenn das nicht möglich ist, eine Metallschüssel mit Wasser in den heißen Backofen stellen.

Apfelrosen-Quitten-Torte

Für zwei 18–20er-Springformen, eine Muffinform

Zutaten

Für etwa 40 Rosen:
16 rote Äpfel
1 EL Zitronensaft
150 ml Eierlikör
150 g Gelierzucker
1 Pck. Filoteig
Puderzucker zum Bestäuben

Für den Biskuitboden:
3 Eier
1 Prise Salz
110 g Zucker
etwas echte Vanille
90 g Mehl
1 gestr. TL Backpulver
etwas Apfelsaft oder Calvados zum Beträufeln

Für das Quittenkompott:
250 g entkernte und in kleine Stücke geschnittene Quitten
brauner Zucker nach Geschmack
1 Zimtstange
40 ml Apfelsaft und ein bisschen fürs Kompott
2 Blätter Gelatine
2–3 EL Quittengelee

Für die Apfelmascarpone:
500 g Mascarpone
1–2 EL Rosenwasser
50 g Zucker
50 ml Apfelkochwasser

20 ml Holunderblütensaft

I

Rosen:
Aus dem Eierlikör und dem Gelierzucker eine Marmelade kochen.
Die Äpfel waschen, ungeschält halbieren, vom Kerngehäuse befreien und dann in sehr dünne Spalten schneiden. Diese kurz in Wasser und Zitronensaft andünsten, bis sie etwas weicher und biegsamer sind. Das Apfelkochwasser aufheben, es wird noch für die Apfelmascarpone gebraucht.

Den Filoteig in etwa 10 lange Streifen (Breite ca. 5 cm) schneiden (1). Diese Streifen satt mit der Eierlikör-Marmelade einstreichen (2). Die Apfelscheiben so auf den Filoteigstreifen platzieren, dass die Rundungen überstehen und sie in der Breite nur die Hälfte des Filoteigs bedecken (3).
Jeden Apfel-Filoteigstreifen aufrollen (4) und die nun schon erkennbaren Rosen in eine Muffinform geben (5).
Im vorgeheizten Ofen bei 190 °C für 10 – 20 Minuten backen.
Die Apfelrosen etwas auskühlen lassen und dann mit Puderzucker bestäuben.

Biskuitboden:
Den Backofen auf 180 °C vorheizen und zwei Springformen mit 18 – 20 cm Durchmesser fetten. Die Eier trennen. Das Eiweiß zusammen mit dem Zucker und dem Salz zu Eischnee schlagen. Die Eigelbe vorsichtig unterrühren und darauf das mit dem Backpulver vermischte Mehl sieben.
Sorgfältig unterheben. Den Teig in zwei Hälften aufteilen und in die zwei Springformen streichen. Wenn nur eine Form vorhanden ist, können die Böden hintereinander gebacken werden. Ca. 15 Minuten goldbraun backen und auskühlen lassen.

Quittenkompott:
Die Gelatine in kaltem Wasser einweichen. Die Quitten mit sehr wenig Apfelsaft, dem Zucker und der Zimtstange in einem geschlossenen Topf mürbe kochen. Zimtstange entfernen. Letzte Stücke mit dem Stabmixer zu Mus passieren. Den Apfelsaft in einem kleinen Topf erhitzen, die eingeweichte Gelatine darin auflösen und nach und nach das Quittenmus unterrühren.

Apfelsaft oder Calvados:
Einen der Tortenböden auf einen Teller legen und mit etwas Apfelsaft oder Calvados beträufeln. Einen Tortenring um den Boden stellen, das Quittenmus einfüllen und glattstreichen. Den zweiten Biskuitboden umdrehen und die Unterseite ebenfalls mit Apfelsaft oder Calvados tränken. Anschließend den Biskuit auf das Quittenmus setzen. Die Torte nun noch einmal für einige Zeit in den Kühlschrank stellen, am besten über Nacht, damit sie schön durchzieht.

Apfelmascarpone:
Alle Zutaten cremig rühren und kalt stellen.

Dekoration:
Am nächsten Tag die Torte mit der Apfelmascarpone einstreichen und mit den vorbereiteten Apfelrosen dekorieren.

2 Blütentorte

Für eine 20er-Springform

Tipp
Die Torte erst kurz vor dem Servieren mit den Blüten garnieren, weil sie rasch welken. Danach nicht noch einmal kühl stellen.

Zutaten

Teig:
25 g Butter
5 Eier
1 Prise Salz
160 g Zucker
125 g Mehl
2 ½ TL Speisestärke
1 ½ TL Backpulver

Frischkäsecreme:
600 g Doppelrahm-Frischkäse
1 kleine, unbehandelte Zitrone
70 g Puderzucker
1 Pck. Sahnesteif
2 Pck. Vanillezucker
350 ml Sahne

Außerdem:
1 Tasse bunte, essbare, ungespritzte Wildblüten, z. B. Primeln, Buntnesseln, Löwenzahn, Gänseblümchen, Wiesenschaumkraut, Veilchen

Rezept aus EINFACH HAUSGEMACHT
Mein Magazin für Haus und Küche

Den Backofen auf 180 °C vorheizen. Den Boden der Springform samt passend zurechtgeschnittenem Backpapier in den Rand spannen.
Für den Teig die Butter zerlassen und abkühlen lassen. Die Eier, das Salz und den Zucker mit den Quirlen des Handrührers 10 Minuten dick cremig rühren. Mehl, Stärke und Backpulver darübersieben, Butter zugeben und alles vorsichtig mit einem Schneebesen unterheben. Den Teig in der Springform glatt streichen.
Im vorgeheizten Backofen auf der 2. Schiene von unten bei 180 °C in ca. 30 Minuten hellbraun backen (Stäbchenprobe machen!). Herausnehmen und in der Form abkühlen lassen.
Danach den Boden aus der Form lösen und das Backpapier entfernen. Den Boden zweimal waagerecht durchschneiden, sodass man drei Böden erhält.
Für die Frischkäsecreme die Zitrone waschen, die Schale fein abreiben und eine halbe Frucht auspressen. Den Frischkäse, Puderzucker und die Zitronenschale mit den Quirlen des Handrührers 5 Minuten cremig rühren. Zitronensaft unterrühren. Sahnesteif und Vanillezucker zur Sahne geben und sie steif schlagen. Die Sahne unter die Frischkäsemischung heben.
Die Hälfte der Füllung auf den beiden unteren Böden verstreichen. Die Böden passgenau übereinandersetzen, mit dem oberen Boden abdecken und die Torte und die restliche Frischkäsecreme 2 Stunden zugedeckt kalt stellen.
Danach die Torte rundherum gleichmäßig mit der übrigen Creme bestreichen. Mit einer Palette oder einem großen Messer Wellen hineinziehen. Nochmals 1 Stunde kalt stellen. Die essbaren Blüten sorgfältig verlesen, putzen und auf einem Tuch ausbreiten. Die Torte kurz vor dem Servieren mit den Blüten dekorieren.

Himbeer-Charlotte-Torte

Für einen 12er-Tortenring

Zutaten

Für die Himbeer-Quarkmasse:
125 g frische Himbeeren
75 g Zucker
150 g Quark
150 g Crème fraîche
150 g Joghurt
150 g Frischkäse
3 TL Zitronensaft
Schale einer Zitrone
2 – 3 Pck. Sofortgelatine

Für die Dekoration:
125 g frische Himbeeren
16 – 18 Löffelbiskuits

Himbeer-Quarkmasse:
125 g Himbeeren waschen und pürieren. Das Püree durch ein Sieb streichen.
Alle anderen Zutaten außer der Gelatine in eine hohe Schüssel geben und mit den Quirlen des Handrührgerätes 3 – 4 Minuten schlagen. Die Masse auf zwei Schüsseln verteilen.
Das Himbeerpüree in eine der beiden Quarkmassen einrühren.
Die Sofortgelatine bis zur gewünschten Konsistenz unter die Mischung rühren und in den Kühlschrank stellen.
Den Tortenring auf eine passende Tortenplatte stellen. Etwas Creme in die Mitte des Tortenrings geben und die Löffelbiskuits an den Rand stellen. Die übrige Creme schichtweise einfüllen, glatt streichen und ca. 4 Stunden kalt stellen.

Dekoration:
Die Torte herausnehmen, den Ring abziehen und die Torte mit Himbeeren verzieren.

3

Cheesecake-Torte

Für zwei 20er-Springformen

Zutaten

Für den Boden:
250 g Mehl
60 g Zucker
1 Pck. Vanillezucker
125 g kalte Butter
1 Ei

Für die Füllung:
700 g Frischkäse
1 Pck. Vanillezucker
1 EL Zitronenschale
6 Eier
400 g saure Sahne

Für die Ganache:
200 ml Schlagsahne
50 g Butter
300 g Zartbitter-Schokolade

Böden:
Die in Stücke geschnittene Butter und das Ei mit den Knethaken verrühren.
Zucker, Vanillezucker und Mehl dazugeben und weiter kneten. Den Teig noch einmal mit den Händen durcharbeiten und in Folie gewickelt eine halbe Stunde kühlen.

Füllung:
Die Eier trennen und das Eiweiß steif schlagen. Frischkäse, Zucker, Vanillezucker und Zitronenschale verrühren. Eigelbe und saure Sahne dazugeben und schließlich das Eiweiß unterheben.

Aufbau:
Den Backofen auf 200 °C vorheizen und die zwei Sprinformen einfetten. Den Teig auf einer bemehlten Arbeitsfläche ausrollen und zwei Kreise mit je 20 cm Durchmesser ausschneiden. Den Teig in die Springformen legen, am Rand festdrücken und im Ofen auf mittlerer Schiene 10 Minuten backen.
Die Füllung auf dem Teig verteilen und weitere 15 Minuten backen. Nun die Temperatur auf 120 °C reduzieren und den Kuchen nochmals für 30–40 Minuten backen. Falls nötig, die Böden abdecken, damit sie nicht zu dunkel werden. Die Böden etwas abkühlen lassen und aus der Springform lösen.

Es ist auch möglich, die Böden nacheinander zu backen, wenn nur eine Springform vorhanden ist.

Ganache:
Nun in einem Topf 200 ml Schlagsahne erwärmen und 50 g Butter hinzugeben.
In der Zwischenzeit die Schokolade klein hacken. Diese unter die warme Sahne rühren. Die Sahne darf nicht zu heiß sein. Falls die Ganache noch zu flüssig ist, kurz in den Kühlschrank stellen.

Fertigstellung:
Einen Kuchen auf eine Platte setzen und mit der Ganache bestreichen. Den zweiten daraufsetzen und mit der restlichen Ganache bestreichen.

Eisssplittertorte

Für eine 20er-Springform

Rezept aus EINFACH HAUSGEMACHT
Mein Magazin für Haus und Küche

Zutaten

Teig:
1 Ei
80 g Zucker
100 g gemahlene Haselnüsse
½ TL Backpulver

Füllung:
90 g Baiser z. B. vom Bäcker
50 g Zartbitter-Schokolade
375 ml Sahne
1 Pck. Vanillezucker
½ Portionsbeutel löslicher Kaffee
1–2 EL Rum

Garnitur:
25 g Zartbitter-Schokolade

Außerdem:
Backpapier für die Form

Tipp
Die Torte kann schon bis zu einer Woche im Voraus zubereitet werden.

Den Backofen auf 180 °C vorheizen. Eine Springform mit Backpapier auslegen.
Für den Teig die Eier verquirlen, den Zucker nach und nach einrieseln lassen (1) und zu einer weißschaumigen Masse verschlagen.
Die Nüsse mit dem Backpulver vermischen und unterheben. Den Teig in die Springform füllen, glatt streichen und im vorgeheizten Backofen etwa 10 – 15 Minuten backen. Den Boden aus der Form lösen und abkühlen lassen. Dann einen Tortenring um den Boden legen.
Für die Füllung das Baiser in einen Gefrierbeutel geben und mit einem Nudelholz grob

zerbröseln (2). Die Schokolade grob raspeln. Die Sahne mit dem Vanillezucker steif schlagen. Baiser und Schokolade unterheben (3). Zwei Drittel der Masse auf dem Boden verteilen (4). Die restliche Füllung mit dem löslichen Kaffee verrühren (5), mit Rum abschmecken und auf die erste Füllung streichen (6).

Für die Garnitur die Schokolade mit einem Sparschäler in Röllchen hobeln (7) und auf der Torte verteilen (8). Die Torte abdecken und über Nacht einfrieren. 30 Minuten vor dem Servieren aus dem Gefrierschrank nehmen und in Stücke schneiden.

Erdbeer-Kokos-Torte

Für eine 18er-Springform

Zutaten

Rezept aus EINFACH HAUSGEMACHT Mein Magazin für Haus und Küche

Belag:
350 g Erdbeeren
½ EL Puderzucker

Boden:
150 g Kokos-Cookies
75 g weiße Kuvertüre
40 g Butter

Frischkäsemousse:
4 Blatt weiße Gelatine
300 g Frischkäse
200 g Schmand
50 g Zucker
1 Pck. Vanillezucker
2 EL Zitronensaft
150 ml Sahne

Außerdem:
Kokosraspel
Backpapier für die Form

Am Vortag eine Springform mit Backpapier auslegen. Die Kokos-Cookies in einen Gefrierbeutel geben und mit einem Nudelholz zerbröseln. Die weiße Kuvertüre hacken (1). Mit der Butter in einer Schüssel über einem warmen Wasserbad schmelzen (2). Die Cookie-Brösel mit der Butter-Schokoladen-Mischung vermengen (3), auf dem Boden der Springform verteilen (4) und gut andrücken. Für ca. 30 Minuten kalt stellen.

Für die Frischkäsemousse die Gelatine in kaltem Wasser einweichen.
Den Frischkäse mit Schmand, Zucker, Vanillezucker und Zitronensaft verrühren (5).
Die Sahne steif schlagen.
Die Gelatine ausdrücken

und in einem Topf unter leichter Hitzezufuhr auflösen. 2 EL der Frischkäsemasse in die Gelatine geben und gut verrühren, um die Temperatur anzugleichen. Anschließend die Gelatine unter ständigem Rühren langsam in die Frischkäsemasse geben. Die geschlagene Sahne unterheben und die Mousse auf dem Boden verteilen (6). Den Kuchen abgedeckt mindestens über Nacht in den Kühlschrank stellen.
Vor dem Anrichten die Erdbeeren waschen, putzen und vierteln. Diese mit dem Puderzucker süßen und locker auf dem Kuchen verteilen (7). Den Springformrand vorsichtig lösen und den Tortenrand mit Kokosraspeln verzieren.

Tipp
Beim Backen mit Ober- und Unterhitze die Böden nacheinander bei 180 °C abbacken.

Erdbeer-Schoko-Torte

Für eine 24er-Springform

Rezept aus EINFACH HAUSGEMACHT
Mein Magazin für Haus und Küche

Zutaten

Boden:
100 g Zartbitter-Schokolade
4 Eier
50 g Butter
5 EL Zucker
100 g gemahlene Mandeln
1 Prise Salz

Füllung:
800 g Erdbeeren
100 g Gelierzucker 2:1
400 ml Schmand
400 ml Sahne

Den Backofen auf 160 °C Umluft vorheizen. Drei Backbleche jeweils mit Backpapier auslegen. Mithilfe eines Desserttellers je einen Kreis von etwa 20 cm Durchmesser aufzeichnen (1).
Für den Boden die Schokolade grob hacken, im Wasserbad schmelzen und zur Seite stellen.
Die Eier trennen. Das Eiweiß mit 2 Esslöffeln Zucker und einer Prise Salz zu steifem Schnee schlagen. Das Eigelb mit dem restlichen Zucker weißschaumig rühren. Die Butter zerlassen. Die flüssige Schokolade unterrühren (2–3). Den Eischnee mit Mandeln vorsichtig unterheben (4). Jeweils ein Drittel des Teiges auf den vorgezeichneten Kreisen des Backpapiers verteilen.
Im vorgeheizten Backofen alle drei Böden

gleichzeitig etwa 20 Minuten backen. Die Böden auf einem Kuchenrost abkühlen lassen. Das Backpapier entfernen.
Für die Füllung die Erdbeeren nur kurz waschen, abtropfen und das Grün entfernen. Je nach Größe halbieren oder vierteln. 150 g Erdbeeren mit 75 g Gelierzucker 2:1 pürieren, bis die Masse zu gelieren beginnt.
Den Schmand mit dem restlichen Gelierzucker verrühren. Die Sahne steif schlagen und unterheben.
Einen Teigboden auf eine Kuchenplatte legen. Mit einem Drittel der Schmandcreme bestreichen. Einige Erdbeeren darüberstreuen und mit etwas Erdbeerpüree beträufeln. Den Vorgang noch zweimal wiederholen.
Die Torte vor dem Servieren mindestens zwei Stunden kalt stellen.

Exotische Mandeltorte

Für eine 20er-Springform, Tortenring

Zutaten

Teig:
150 g gemahlene Mandeln
125 g weiche Butter
125 g Zucker
2 Eier, Gr. L
100 g Mehl
2 TL Backpulver
1 Prise Salz

Rezept aus EINFACH HAUSGEMACHT Mein Magazin für Haus und Küche

Quarkmousse:
250 g Speisequark, 10 % Fett
3 Blatt Gelatine
1 Limette
3 EL Vanillezucker
3 EL Milch
150 ml Sahne
1 Pck. Sahnesteif

Fruchtfüllung:
2 Kiwis
½ Mango
¼ Ananas
125 ml Orangensaft
15 g Speisestärke
1 EL Zucker

Backpapier für die Form

Die Mandeln in einer Pfanne ohne Fett goldbraun rösten und abkühlen lassen.
Den Backofen auf 180 °C vorheizen. Den Boden einer Springform mit Backpapier auslegen.
Für den Teig die Butter weißschaumig schlagen, dabei den Zucker einrieseln lassen. Die Eier einzeln zugeben und jeweils ½ Minute unterschlagen. Das Mehl, die Mandeln, das Backpulver und das Salz mischen und nach und nach unter die Masse rühren.

Den Teig in die Form füllen und glatt streichen. Im vorgeheizten Backofen 35 Minuten backen.
10 Minuten in der Form abkühlen lassen, dann den Rand vorsichtig lösen und den Boden auf einem Kuchengitter abkühlen lassen.
Für die Fruchtfüllung Kiwis, Mango und Ananas schälen. Den Strunk der Ananas entfernen. Das Fruchtfleisch der Mango vom Kern schneiden. Die Früchte klein würfeln. Es werden insgesamt 300 g benötigt.
3 EL Orangensaft mit Speisestärke verrühren. Den restlichen Orangensaft und Zucker aufkochen, mit der angerührten Stärke binden und
1 Minute köcheln lassen. Die Früchte unterheben, kurz erwärmen, dann abkühlen lassen.

Den Mandelboden 2 cm vom Rand 1 cm tief einschneiden und mit einem Löffel aushöhlen (1). Mit den Händen die Gebäckreste zerbröseln und zur Seite stellen. Den Tortenring um den Boden legen.

Sobald die Quarkmousse zu gelieren beginnt, die Fruchtmischung in den ausgehölten Boden geben und glatt streichen. (2).

Für die Quarkmousse die Gelatine 5 Minuten in kaltem Wasser einweichen. Die Limetten halbieren, den Saft auspressen und mit dem Quark sowie dem Vanillezucker gut verrühren.

Die Milch erwärmen. Die Gelatine ausdrücken, in der Milch auflösen und mit 3 EL Quarkcreme verrühren. Unter Rühren die Gelatinemischung langsam in die Quarkmischung gießen. Zum Schluss die Sahne mit Sahnesteif steif schlagen und unterziehen Die Quarkmousse abdecken und kalt stellen.

Die Quarkmousse daraufgeben, dabei den Rand freilassen. (3).

Die Kuchenkrümel vom Rand aus beginnend auf der Quarkmousse verteilen (4). Leicht andrücken und die Torte mindestens 4–5 Stunden kalt stellen.

Glühwein-Kirsch-Torte

Für eine 20er-Springform

Zutaten

Rezept aus EINFACH HAUSGEMACHT
Mein Magazin für Haus und Küche

Teig:
110 g Butter
110 g Zucker
1 Ei
110 g gemahlene Mandeln
110 g Dinkelvollkornmehl
1 TL Backpulver
½ TL Lebkuchengewürz

Belag:
300 g Sauerkirschen, TK
1 EL Zucker
240 ml Glühwein
1 Pck. Tortenguss
240 ml Sahne
1 Pck. Vanillezucker

Garnitur:
100 g Zartbitter-Kuvertüre

Außerdem:
Tortenring
Backpapier
Küchenthermometer

9

Den Backofen auf 180 °C vorheizen. Den Boden einer 20er-Springform einfetten.
Mit einem Handrührgerät die Butter mit dem Zucker schaumig rühren. Die Eier nach und nach dazugeben und die Masse weißschaumig aufschlagen. Mandeln, Dinkelvollkornmehl, Backpulver und Lebkuchengewürz vermischen und löffelweise bei kleiner Stufe unter die Eimasse rühren.
Den Teig in die Springform füllen und im vorgeheizten Backofen 20 – 25 Minuten backen. Abkühlen lassen und aus der Springform lösen.

Für die Garnitur 12 – 16 kleine Tannen auf Backpapier zeichnen (1). Die Zartbitter-Schokolade hacken und temperieren. Dafür ⅔ in einer Metallschale über dampfendem Wasser schmelzen. Die Schokolade darf dabei höchstens 45 °C erreichen. Die restliche Schokolade einrühren, damit die Temperatur wieder sinkt. Sie sollte etwa 28 °C betragen. Dann wieder auf ca. 32 °C erwärmen. Die flüssige Schokolade in einen Gefrierbeutel geben, eine kleine Ecke abschneiden und die gezeichneten Konturen mit der Schokolade nachspritzen (2).

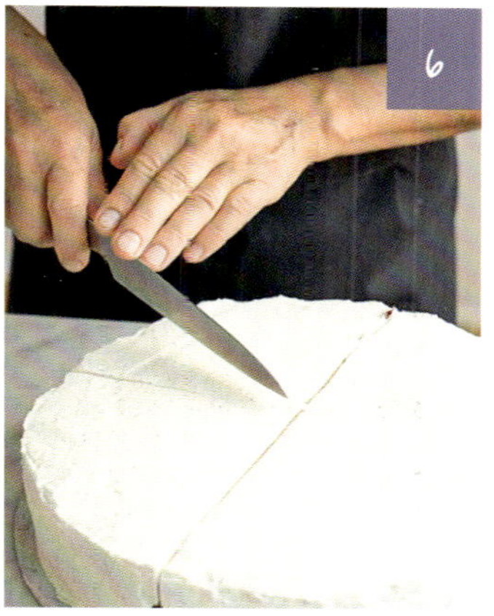

Die kleinen Schokotannen fest werden lassen. Die restliche Schokolade auf den Tortenboden streichen. Den Boden mit einem Tortenring umspannen.

Für den Belag die Kirschen mit dem Zucker und 100 ml Glühwein im Topf erhitzen. 2–3 Minuten köcheln lassen. In ein Sieb geben, abtropfen lassen und dabei den Saft auffangen. Diesen mit dem Glühwein auf 250 ml auffüllen. 1 Pck. Tortenguss mit 6 EL der Flüssigkeit glatt rühren. Den Glühwein aufkochen und mit dem Tortenguss binden.

Die Kirschen auf dem Boden verteilen und den Tortenguss darüber gießen. Die Torte vollständig abkühlen lassen.

Die Sahne mit dem Vanillezucker steif schlagen (3). Zunächst die Oberfläche der Torte (4) und dann den Rand mit der Sahne bestreichen (5).

Vor dem Servieren die Torte in Stücke schneiden (6). Diese jeweils mit einem Schokotannenbaum dekorieren (7).

Tipp
Um möglichst glatte Tortenstücke zu erhalten, sollte das Messer vorher immer in heißes Wasser eingetaucht werden.

Heidelbeertorte
im Ombré-Look

Für eine 18er-Springform
mit mind. 9 cm Höhe

Ohne Backen!

Zutaten

Für den Boden:
150 g Butterkekse
100 g Butter

Für die Creme:
3 – 6 Pck. Express-Gelatine
500 g Magerquark
250 g Joghurt 10 % Fett
150 g Puderzucker
2 EL Zitronensaft
350 g Heidelbeeren
(TK oder frisch), alternativ
Heidelbeersaft

Für die Garnitur:
150 g frische Heidelbeeren

Außerdem:
Backpapier

Boden:
Die Springform mit Backpapier auskleiden und zur Seite stellen. Die Butterkekse zu Brösel verarbeiten. Die Butter in einem Topf schmelzen. Die Brösel und die flüssige Butter zu einer Masse verrühren und diese in die vorbereitete Form geben. Alles gründlich mit den Händen festdrücken und bis zur Weiterverwendung in den Kühlschrank stellen.

Creme:
Für die Cremeschichten den Magerquark mit dem Joghurt, dem Zucker und 1 EL Zitronensaft in eine Rührschüssel geben. Alles bei mittlerer Stufe mit einem Handrührgerät zu einer cremigen Masse verrühren und in den Kühlschrank stellen. Die Heidelbeeren gründlich waschen und mit 1 EL Zitronensaft in eine hohe Schüssel geben.
Mit dem Mixstab zu einer Soße pürieren. Wer es feiner mag, kann die Soße noch durch ein Sieb streichen. Die Soße ebenfalls in den Kühlschrank stellen. Die Sahne mit einer Messerspitze Gelierpulver steif schlagen und zur Seite stellen.
Nun die Quarkmasse gleichmäßig auf drei Schüsseln verteilen. Die Massen mit jeweils 3, 10 und 20 EL Heidelbeerpüree einfärben und in den Kühlschrank stellen.

Aufbau:
Nun 1 ¼ Pck. Gelatine mit einem Handrührgerät in die dunkelste Creme einrieseln lassen und eine Minute weiter schlagen. Diese Creme auf dem Butterkeksbrösel-Boden verteilen, glatt streichen und die Form einige Male auf eine Arbeitsfläche klopfen, damit keine allzu großen Löcher entstehen können. Die Creme ca. 1 Stunde im Kühlschrank fest werden lassen.
Die etwas hellere Quarkmasse aus dem Kühlschrank nehmen und mit 1 Pck. Gelatine verrühren, auf der Torte verteilen, vorsichtig aufklopfen und wieder in den Kühlschrank stellen.
Nach ca. 1 Stunde die letzte Quarkmasse mit ¾ Pck. Gelatine verrühren, auf die Torte auftragen und leicht aufklopfen. Die Torte am besten über Nacht in den Kühlschrank stellen und fest werden lassen.
Die Torte nach Belieben mit frischen Heidelbeeren dekorieren und genießen.

Krümelmonster-Piñata-Torte

Für eine 20er-Springform, 12 cm hoch
oder hintereinander backen

Zutaten

Für den Boden:
200 g Butter
200 g Zucker
150 g Mehl
50 g Speisestärke
3 EL Kakao
3 TL Backpulver
4 Eier
1 Prise Salz
75 ml Milch

Für den Mund:
3 – 4 große Schokoladenkekse

Für die Augen:
50 g Marzipan oder weißer Fondant
2 Schokotröpfchen

Für das Frosting:
200 g weiche Butter
400 g Puderzucker
1 Pck. Vanillezucker
Blaue Lebensmittelfarbe

Für die Füllung:
Kleine Schokokekse oder zerkleinerte große Kekse

Außerdem: Spritzbeutel mit Grastülle

Tipp
Für richtig wuscheliges Fell wird die 1 ½-fache Menge benötigt.

11

Boden:
Den Backofen auf 180 °C (Umluft) vorheizen, eine Springform einfetten und einmehlen.
Die Butter schmelzen und mit dem Kakao und der Milch vermischen.
Eier, Zucker und Salz mit dem Handrührgerät ca. 2 Minuten schaumig schlagen. Den Eierschaum zu der Butter-Kakao-Milch-Masse geben und vermengen.
Mehl, Stärke und Backpulver vermischen und ebenfalls dazugeben und so lange unterrühren, bis ein geschmeidiger und gleichmäßiger Teig entsteht.
Den Teig in die vorbereitete Springform füllen und im Ofen ca. 25 Minuten backen. Den Kuchen aus dem Ofen nehmen, kurz abkühlen lassen und dann aus der Springform nehmen.
Den Kuchen zweimal horizontal durchschneiden, sodass drei Böden entstehen. Zwei Böden sollten ca. 3–4 cm dick sein. Der dritte Boden darf ruhig dicker sein. In den dicken Boden zentriert in der Mitte ein ca. 10 cm großes Loch schneiden. Auf eine Tortenplatte einen Boden ohne Loch setzen und den Boden mit Loch daraufsetzen, die kleinen Kekse einfüllen und darauf den Boden ohne Loch geben.

Augen:
Aus zwei Marzipankugeln Augen formen. Einen Schokotropfen in jede Kugel drücken.

Frosting:
Für das Frosting alle Zutaten mit den Quirlen des Handrührgeräts cremig schlagen. Die Mischung in einen Spritzbeutel mit Grastülle füllen.

Dekoration:
Den Spritzbeutel mit dem Frosting gegen den Kuchen drücken und schnell wegziehen, sodass ein wuscheliges Fell entsteht. Für den Mund mit einem Messer einen Schlitz in das Frosting schneiden und die Kekse hineinstecken. Zum Schluss die Augen auf das Frosting setzen und etwas festdrücken.

12

Lemon-Curd-Torte

mit Marzipanschäfchen

Für eine 20er-Springform, ein mind. 10 cm hoher Tortenring

Rezept aus EINFACH HAUSGEMACHT
Mein Magazin für Haus und Küche

Zutaten

Boden:
2 Eier
100 g Zucker
1 Prise Salz
100 g Mehl
½ TL Backpulver

Lemon Curd:
1 unbeh. Zitrone
2 Blatt weiße Gelatine
150 g Zucker
3 Eier
75 g weiche Butter

Quarkcreme:
250 g Quark
250 g Frischkäse
4 Blatt weiße Gelatine
75 g Zucker
250 ml Sahne

Garnitur:
400 ml Sahne
1 Pck. Vanillezucker
2 Pck. Sahnesteif
1 EL gehackte Pistazien
70 g Marzipanrohmasse
70 g Puderzucker
15 g Baiser-Rosetten, vom Bäcker
1 Eiweiß
Lebensmittelfarbe oder etwas geschmolzene Schokolade

Den Backofen auf 180 °C vorheizen. Den Boden einer 20er Springform mit Backpapier auslegen.
Für den Biskuitboden die Eier mit 2 EL Wasser weißschaumig aufschlagen, dabei den Zucker und das Salz einrieseln lassen. Mehl und Backpulver mischen, darübersieben und mit einem Schneebesen vorsichtig unterheben. Den Teig in die Springform füllen und im vorgeheizten Backofen 20–25 Minuten backen. Abkühlen lassen.
Für den Lemon Curd die Gelatine in kaltem Wasser einweichen. Die Zitrone heiß waschen, trocken tupfen und fein abreiben. Den Saft der Zitrone auspressen. 40 ml Saft, den Zitronenabrieb, den Zucker und die Eier über einem heißen Wasserbad schlagen, bis die Masse eine puddingartige Konsistenz hat.

Noch eine Minute weiterrühren, dabei darf die Creme nicht kochen.
Die Creme vom Wasserbad nehmen und die ausgedrückte Gelatine unter Rühren darin auflösen. Etwas abkühlen lassen. Dann die Butter in Stückchen unter die handwarme Masse rühren. Den Lemon Curd beiseitestellen.
Für die Quarkcreme die Gelatine in kaltem Wasser einweichen. Quark, Frischkäse und Zucker verrühren. Die Sahne steif schlagen. Die Gelatine tropfnass in einen Topf geben und langsam erhitzen, bis sie sich aufgelöst hat. 2 EL Quarkmasse unterrühren.

Die Gelatinemischung unter Rühren zur restlichen Quarkcreme geben, dann die Sahne unterheben. Zum Füllen den Biskuitboden aus der Form lösen und das Backpapier abziehen. Den Boden einmal waagerecht durchschneiden. Um den unteren Boden einen mindestens 10 cm hohen Tortenring spannen. Die Quarkcreme einfüllen. Den Lemon Curd darauf verteilen und mit einer Gabel in Bögen unter die Creme ziehen, sodass eine grobe Marmorierung entsteht. Den oberen Biskuitboden auflegen und die Torte mindestens ½ Tag kalt stellen.
Für die Sahnegarnitur die Sahne mit dem Vanillezucker und dem Sahnesteif steif schlagen. Die Torte damit rundum überziehen. Am Rand mit einem Löffel senkrecht breite Rillen nach oben ziehen. Auf der Oberfläche eine kleine Fläche mit den gehackten Pistazien bestreuen.
Für die Marzipanschäfchen das Marzipan mit 20 g Puderzucker verkneten. Die Baisers in kleine Stücke brechen. Den restlichen Puderzucker mit einigen Tropfen Wasser zu einem festen Guss verrühren. Für die Torte drei Schäfchen anfertigen:

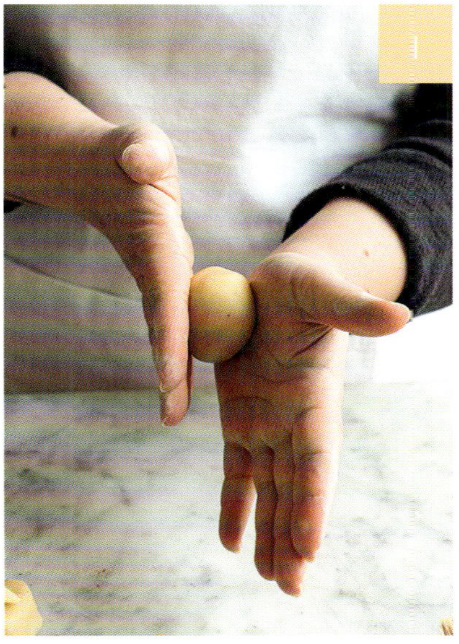

Das Marzipan in 3 gleich große Stücke teilen. Je Schäfchen eine große Kugel für den Körper (1), eine kleine für den Kopf und 2 kleine Kügelchen für die Ohren formen.
In den Körper eine Vertiefung für den Kopf und in den Kopf zwei Vertiefungen für die Augen drücken (2). Für die Ohren die kleinen Kügelchen flach drücken und je eines links und eines rechts an den Kopf drücken (3). Die Nasenlöcher mit einem Zahnstocher markieren.

4

5

6

7

Den Körper dünn mit Eiweiß bestreichen und mit den Baiserstückchen garnieren (4). Mithilfe eines halbierten Zahnstochers den Kopf in der Vertiefung am Körper fixieren (5). Für die Augen aus dem Zuckerguss kleine weiße Tupfen in die Vertiefungen spritzen (6). Darauf mit etwas flüssiger Schokolade oder einem Lebensmittelstift die Pupillen aufmalen (7).

Monstertorte

Für eine 20er-Springform

Zutaten

Für den Boden:
300 g Zartbitter-Schokolade
6 Eier
200 g Butter
200 g Puderzucker
350 g Mehl
1 Pck. Backpulver

Für das Frosting
9 Eiweiß
450 g Zucker
90 ml kaltes Wasser
3 TL Zitronensaft
3 verschiedene
Lebensmittelfarben
Zuckeraugen

Tipp
Die Böden und die Nutellacreme am besten am Vortag erstellen und richtig durch- und auskühlen lassen.

Boden:
Den Backofen auf 180 °C vorheizen. Eine Springform einfetten und bemehlen. Die Schokolade in Stücke brechen und in einem Wasserbad unter ständigem Rühren schmelzen, bis die Schokolade geschmolzen ist. Anschließend vom Herd nehmen.
Die Butter in Stücken unter die geschmolzene Schokolade rühren, bis diese ebenfalls geschmolzen ist.
So kühlt die Schokolade gleichzeitig etwas ab.
Eier und Zucker in einer Schüssel mit dem Handrührgerät ca. 2 Minuten schaumig schlagen. Mehl und Backpulver unterrühren und zum Schluss die Schoko-Butter-Masse so lange unterrühren, bis ein geschmeidiger und gleichmäßiger Teig entsteht.
Den Teig in die vorbereitete Springform füllen und im Ofen ca. 25-30 Minuten backen. Den Schokoladenkuchen aus dem Ofen nehmen, 10 Minuten in der Springform abkühlen lassen und dann auf ein Kuchengitter stürzen, damit dieser vollständig abkühlt. Den Kuchen zweimal horizontal durchschneiden oder in drei gleichen Teilen in drei Durchgängen backen.

Frosting:
Die Eier trennen. Die Eiweiße mit Zucker, Wasser und Zitronensaft in eine Schüssel geben und auf einen Topf mit kochendem Wasser stellen. Den Zucker im Wasserbad unter ständigem Rühren vollständig auflösen.

Tipp
Die Schüssel und das kochende Wasser sollten sich nicht berühren!

Die Schüssel vom Herd nehmen. Anschließend das Frosting ca. 8 Minuten so aufschlagen, dass es nicht mehr vom Schneebesen rutscht. Das Frosting in drei gleichgroße Teile aufteilen und mit jeweils einer anderen Lebensmittelfarbe färben. Am besten noch einmal mit dem Schneebesen gut vermischen, sodass eine gleichmäßige Färbung entsteht.

Aufbau:
Eine Kuchenschicht auf die Tortenplatte legen. Das erste Frosting auf dem Schokoladenkuchen verteilen und danach die zweite Schicht auflegen. Für die kleinen Monster sollte noch genug vom Frosting übrig bleiben.
Das zweite Frosting auf der zweiten Schicht verteilen und die dritte Bodenschicht darauflegen. Auch hier nicht das gesamte Frosting aufbrauchen.
Das dritte Frosting auf der dritten Schicht verteilen. Wieder nicht das ganze Frosting verbrauchen. Alle drei Frostings in jeweils einen Spritzbeutel füllen und auf der obersten Schicht kleine Kleckse verteilen, sodass oben eine kleine Spitze entsteht. Die drei Farben können wild und durcheinander verteilt werden. So lange, bis die ganze Torte bedeckt ist. Zum Schluss die Zuckeraugen auf die Kleckse setzen.

14

Münsterländer Torte

Für zwei 18er-Backformen

Zutaten

Für das Pumpernickelmehl:
300 g Pumpernickel
4 EL gehäuft Zucker
100 g Mehl

Für den Teig:
6 Eier
Prise Salz
300 g Pumpernickelmehl
(selbst gemacht)
80 g Zucker

Für die Füllung:
1 Glas Sauerkirschen
1 Pck. roter Tortenguss
1 Tafel Zartbitter-Schokolade
500 g Quark (40 % Fett)
2 Pck. Vanillezucker
100 g Zucker
200 ml Sahne
4 EL Kirschwasser

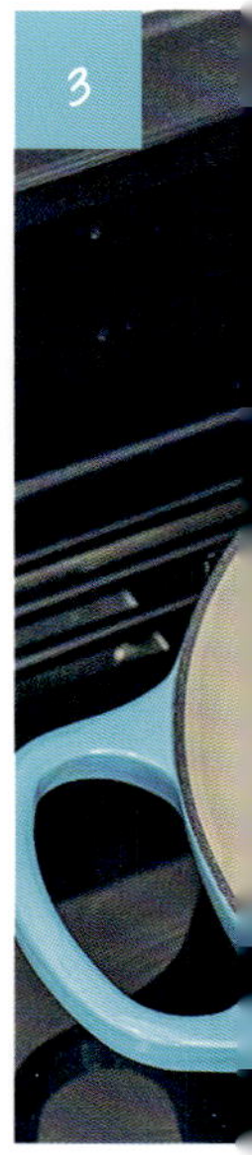

Pumpernickelmehl:
Pumpernickel zerbröseln (1) und in einer Pfanne rösten (2). Er sollte knusprig werden und das kann schon etwas dauern. Kurz vor Ende den Zucker dazugeben (3) und so lange mitrösten, bis er karamellisiert ist (4). Abkühlen lassen und mit Kirschwasser beträufeln.
200 g der Pumpernickelbrösel und 100 g Mehl mit einer Küchenmaschine oder einer Mühle zu Mehl verarbeiten. Die restlichen Brösel zur Dekoration auf-bewahren.

Boden:
Den Backofen auf 180 °C vorheizen. Die Backformen einfetten und mit Mehl bestreuen. Die Eier trennen und die Eiweiße mit dem Salz zu festem Eischnee schlagen. Eigelbe und Zucker weißschaumig aufschlagen. Das Pumpernickelmehl löffelweise untermischen und zum Schluss das Eiweiß unterheben. Den Teig in die zwei Backformen geben und ca. 30 Minuten backen.

Füllung:
Die Kirschen mit Flüssigkeit in einen Topf geben, erwärmen und mit etwas Tortenguss binden. Erkalten lassen. 2 EL von den Kirschen für die Dekoration zur Seite stellen. Die Schokolade mit einem Küchenmesser in grobe Stückchen zerteilen. Den Quark mit dem Vanillezucker und Zucker cremig schlagen. Die Sahne steif schlagen und unterheben. Kalt stellen.

Aufbau:
Die Tortenböden aus dem Backofen nehmen, etwas abkühlen lassen, aus den Backformen lösen und auskühlen lassen. Nach dem Auskühlen jeden Boden einmal durchschneiden und mit dem Kirschwasser nappieren.
Dafür die Böden mit einem Holzspieß mehrmals einstechen und dann mit Kirschwasser benetzen. Den ersten Boden auf eine Platte setzen und mit der Hälfte der Kirschen belegen. Einen Boden daraufsetzen und mit etwas Quark bestreichen und darauf ¾ der Schokolade geben. Wieder einen Boden aufsetzen und die restlichen Kirschen darauf verteilen und den letzten Boden als Abschluss darauf setzen. Die Torte mit der Quarkmasse einstreichen.

Dekoration:
Mit den restlichen Kirschen, Schokolade und Pumpernickelbrösel dekorieren.

Naked-Cake-Piña-Colada

Für drei 12er-Springform

Zutaten

Für den Boden:
125 g weiche Butter
200 g Zucker
1 Pck. Vanillezucker
200 g Mehl, gesiebt
1 TL Backpulver
1 Prise Meersalz
4 große Eier, Raumtemperatur
100 ml Vollmilch, Raumtemperatur

Für die Ananas:
1 frische Ananas geschält, in dicke Scheiben geschnitten

Außerdem:
Backthermometer

Für die Kokosnuss-buttercreme:
150 g Eiweiß
250 g Zucker
300 g weiche Butter
100 g Kokosraspel
50 ml Kokosmilch
25 ml Cachaça

Für den Lemon Curd:
50 ml Zitronensaft
100 ml Limettensaft
150 g Zucker
4 Eier
80 g eiskalte Butter
1 Limetten-Schale gerieben

Für die Dekoration:
Bio-Rosenblüten

Boden:
Den Ofen auf 180 °C erhitzen. Die drei Backformen einfetten und mit bemehlen.
Mehl, Backpulver und Salz in eine große Schüssel sieben, bis die Zutaten gleichmäßig vermischt sind. Die Schüssel beiseitestellen.
Die Eier trennen und die Eiweiße in einer extra Schüssel zu Eischnee schlagen.
Butter, Eigelbe, Vanillezucker und Zucker in eine Schüssel geben und bei mittlerer Geschwindigkeit mit dem Handrührer ca. 4 – 5 Minuten schaumig rühren.
Nun langsam die Mehlmischung und abwechselnd die Milch hinzufügen. Die Geschwindigkeit erhöhen und alles ca. 3 Minuten verrühren. Zum Schluss den Eischnee einrühren.
Die Masse auf den drei Springformen verteilen. Für ca. 20 Minuten backen, bis die Böden goldbraun sind und den Spießtest erfolgreich bestanden haben.
Den Kuchen 15 Minuten in den Kuchenformen auskühlen lassen, dann herausheben und auf ein Drahtgestell stellen, um ihn vollständig abkühlen zu lassen. Sobald die Böden ausgekühlt sind, alle gewölbten Stellen mit einem großen gezackten Messer begradigen und jeden Kuchen in zwei oder drei Schichten schneiden. In diesem Rezept sind sechs Schichten geplant, aber es geht auch mit drei oder vier Schichten.

Kokosnussbuttercreme:
Das Eiweiß und den Zucker in eine Rührschüssel geben und mit einem Standmixer kräftig verrühren. Die Schüssel über einen Topf stellen, in dem ein paar Zentimeter Wasser bei mittlerer Hitze köcheln.
Die Mischung aus Ei und Zucker benötigt eine Temperatur von 70 °C (Thermometer). Sie sollte beim Erwärmen gelegentlich durchgerührt werden. Wenn die Temperatur erreicht ist, die Mischung etwa 8 – 10 Minuten auf hoher Geschwindigkeit schlagen, bis sie mittelsteife Spitzen bildet.
Bei niedriger Geschwindigkeit löffelweise die Butter hinzufügen. Nun bei mittlerer Geschwindigkeit ca. 4–5 Minuten schlagen, bis die Buttercreme das Volumen erhöht und deutlich dicker geworden ist. Dann die kalte Kokosnussmilch und den Cachaça hinzufügen und etwa 3 Minuten weiter schlagen, bis die Masse seidig glatt und dick ist. Zum Schluss die Kokosflocken untermischen.
Kalt stellen.

Lemon Curd:
Zitronensaft, Limettensaft, -schale und Zucker mit einem Schneebesen verrühren. In einen kleinen Topf gießen und den Herd auf mittlere Stufe stellen. Die Masse mindestens 5 Minuten erhitzen und dabei ständig rühren. Den Herd ausschalten, den Topf vom Herd nehmen und den Lemon Curd etwas abkühlen lassen. Die Eier einrühren, der Lemon Curd darf dabei nicht mehr kochen. Zum Schluss die eisgekühlte Butter einrühren.

Aufbau:
Die erste Kuchenschicht auf einen Kuchenständer oder eine Servierplatte legen. 2–3 EL Buttercreme über die Oberseite und an den Kanten verteilen. Darauf eine Ananasscheibe und eine zweite Kuchenschicht legen und leicht andrücken. Eine Buttercremeschicht darauf verteilen und mit der dritten Kuchenschicht bedecken. Darauf wieder die Kokosnussbuttercreme verteilen und eine Ananasscheibe platzieren. Diesen Vorgang wiederholen, bis alle Böden aufgebraucht sind.
Die Oberseite und die Seiten der Torte mit der Kokosnussbuttercreme bestreichen. Dann für ca. 30 Minuten in den Kühlschrank stellen.
Den Kuchen aus dem Kühlschrank nehmen und den Lemon Curd direkt über die Oberseite des Kuchens gießen, um eine tropfende Wirkung zu erreichen.

Dekoration:
Die Oberseite der Torte mit einigen frischen Blumen dekorieren. Dann bis kurz vor dem Servieren wieder in den Kühlschrank stellen.

Pfannkuchentorte

Eine Springform
mit beliebigem Durchmesser

Zutaten

Für den Pfannkuchenteig:
150 g Mehl
3 Eier
300 ml Milch
50 g flüssig Butter + 70 g zum Braten
Salz

Für die Füllung:
3 Eier
150 g Butter
40 g Zucker
150 g Zartbitter-Schokolade
200 g gehackte Haselnüsse

Für die Dekoration:
Schokolade

Pfannkuchen:
Für die Pfannkuchen alle Zutaten in eine Rührschüssel geben und mit einem Schneebesen oder einem Handrührgerät einen glatten Teig anrühren. Den Teig abgedeckt eine halbe Stunde zur Seite stellen.
Die Pfannkuchen in einer Pfanne, die mit Butter ausgerieben ist, portionsweise ausbacken. Die Pfannkuchengröße sollte der Größe der Springform entsprechen.

Füllung:
Die Butter und die Schokolade in einem Wasserbad auf dem Herd schmelzen lassen.
Die geschmolzene Schokolade in eine Schüssel geben und mit dem Zucker verrühren. Die Eier aufschlagen, verrühren und unter die Masse rühren.

Aufbau:
Den Ofen auf 180 °C vorheizen. Einen Pfannkuchen in eine eingefettete Springform legen und mit etwas Schokoladenmasse bestreichen. Mit ein paar Haselnuss-Splittern bestreuen und darauf einen weiteren Pfannkuchen legen. Den Vorgang mit den weiteren Pfannkuchen wiederholen, sodass sich Pfannkuchen, Schokoladencreme und Haselnusssplitter aufeinanderstapeln. Die Torte 10 Minuten in den Ofen stellen.

Dekoration:
Während die Torte im Ofen steht, die Schokolade für die Dekoration in einem Wasserbad schmelzen lassen.
Die Torte aus dem Ofen nehmen, abkühlen lassen, aus der Form nehmen und mit der flüssigen Schokolade übergießen.

16

Piñata-Torte

Für zwei 20er-Springformen

Zutaten

Für den Boden:
4 Eigelb
50 g Zucker
2 Pck. Vanillezucker
100 g flüssige Butter
150 g gemahlene Mandeln
1 Zitrone, Saft und Schale
4 Eiweiß
200 g Zucker
250 g Mehl
2 Pck. Backpulver
125 ml Milch

Für die Füllung:
400 g weiche Butter
100 g Puderzucker
1 Zitrone, Schale davon
150 g Schokolinsen

Für die Dekoration:
Weißer Fondant oder Marzipan
Zuckerschrift
Schokolinsen

Boden:
Den Backofen auf 170 °C vorheizen und die Backformenböden mit Backpapier belegen. Das Eigelb, den Zucker, den Vanillezucker und die Butter mit einem Handrührgerät schaumig schlagen. Die Mandeln, den Saft und die Schale der Zitrone unterheben. Das Mehl und das Backpulver dazusieben. Vorsichtig mit einem flexiblen Spachtel mischen. Nun die Milch einrühren. Das Eiweiß steif schlagen, nach und nach den Zucker hinzufügen und die Masse zum Schluss vorsichtig unterheben. Die Mischung in zwei Formen gießen und ca. 35 Minuten im unteren Teil backen. Aus dem Ofen nehmen und abkühlen lassen. Jeden Boden einmal waagerecht halbieren. Bei zwei Böden zentriert einen Kreis mit ca. 10 cm Durchmesser herausschneiden.

Füllung:
Die Butter mit einem Mixer schaumig schlagen. Den Puderzucker und die Zitronenschale hinzufügen und noch einmal kurz zu einer Buttercreme aufschlagen. Nun einen ganzen Tortenboden auf eine Tortenplatte setzen. Den Boden mit Buttercreme bestreichen. Darauf einen Boden mit einem Loch geben. Wieder mit Buttercreme bestreichen. Darauf den nächsten Boden mit Loch geben und bestreichen. Nun das „Loch" mit den Schokolinsen füllen und den letzten Boden auflegen. Schließlich die ganze Torte mit einer ganz dünnen Schicht Buttercreme bestreichen.

Dekoration:
Der Fondant muss erst sehr gut durchgeknetet werden, bis er weich und geschmeidig ist. Dann Puderzucker auf die Arbeitsfläche und auf den Fondant sieben. Nun die Fondantdecke ausrollen und über den Kuchen legen, glatt streichen und die überschüssige Masse abschneiden. Die Schokolinsen mithilfe der Zuckerschrift auf dem Fondant festkleben.

17

18

Schoko-Mousse-Torte

Für eine 18er-Springform

Rezept aus EINFACH HAUSGEMACHT Mein Magazin für Haus und Küche

Zutaten

Teig:
50 g flüssige Butter
4 Eier
120 g Zucker
1 Prise Salz
100 g Mehl
20 g Kakao
30 g gemahlene Mandeln

Füllung:
150 g Zartbitter-Kuvertüre
360 ml Sahne

Glasur:
210 g Zartbitter-Kuvertüre
125 ml Milch
15 g Honig
15 g Butter

Außerdem:
Tortenpalette, Kammschaber,
Backpapier

Den Backofen auf 180 °C vorheizen. Den Boden der Springform samt passend zurechtgeschnittenem Backpapier in den Rand spannen. Die Form nicht einfetten.
Für den Teig in einem Topf die Butter zerlassen und vom Herd nehmen. Eier, Zucker und Salz mit den Quirlen des Handrührers bis zum vierfachen Volumen aufschlagen. Mehl und Kakao mischen und durch ein feines Sieb geben. Gemahlene Mandeln untermengen und die Mischung vorsichtig unter die Ei-Zucker-Masse heben. Flüssige Butter ebenfalls vorsichtig unterarbeiten. Den Teig in die Springform füllen und glatt streichen. Im vorgeheizten Backofen 30 Minuten backen.
Herausnehmen, den Biskuit samt Form auf ein Kuchengitter stürzen und vollständig auskühlen lassen.
Die Form wieder umdrehen, den Biskuit mithilfe eines Messers vom Rand lösen und herausnehmen.

Für die Füllung die Kuvertüre fein hacken. In einem Topf die Sahne aufkochen, vom Herd ziehen und die Kuvertüre darin schmelzen. Im Kühlschrank zugedeckt sehr kalt werden lassen. Danach mit den Quirlen des Handrührers aufschlagen.
Den Biskuit zweimal waagerecht durchschneiden, sodass man 3 Böden erhält (1). Jeweils 2–3 EL der Füllung auf 2 Böden geben und verstreichen (2).
Die bestrichenen Böden übereinandersetzen und mit dem unbestrichenen Boden abschließen (3). Die übrige Creme dünn auf Oberfläche und Rand der Torte aufstreichen (4). Etwa 60 Minuten in den Kühlschrank stellen.
Inzwischen für die Glasur die Kuvertüre hacken. Milch, Honig und Butter aufkochen, vom Herd nehmen, die Schokolade dazugeben und schmelzen lassen. Mit dem Pürierstab, ohne Luft unterzumixen, zu einer homogenen Glasur verarbeiten. Auf Lippentemperatur abkühlen lassen. Mittig auf die Torte gießen (5) und mithilfe einer Palette gleichmäßig auf Oberfläche und Rand der Torte verstreichen (6). Nach Belieben sofort mit dem Kammschaber ein Wellenmuster in die Oberfläche ziehen (7).

Schwarzwälder Kirschtorte

Für eine Springform
mit 16 cm Durchmesser

Zutaten

Für den Boden:
50 g Butter
180 g Mehl
25 g Kakaopulver
1 TL Backpulver
1 TL Natron
1 Prise Salz
225 g Zucker
1 großes Ei
50 g Sauerrahm
etwas heißes Wasser

Für die Kirschen:
250 g ganze, frische Kirschen
1 EL frisch gepressten Zitronensaft
50 ml Kirsch-Likör
50 g Zucker

Für die Schokoladen-Ganache:
50 g dunkle Schokolade
50 ml Sahne
1 EL Butter

Für den Mascarpone-Zuckerguss:
250 g Mascarpone
3–4 EL Puderzucker
60 ml Sahne

Für die Dekoration:
100 g Milchschokolade, gehobelt oder gerieben
frische Kirschen

Tipp
Ei und saure Sahne auf Raumtemperatur bringen.

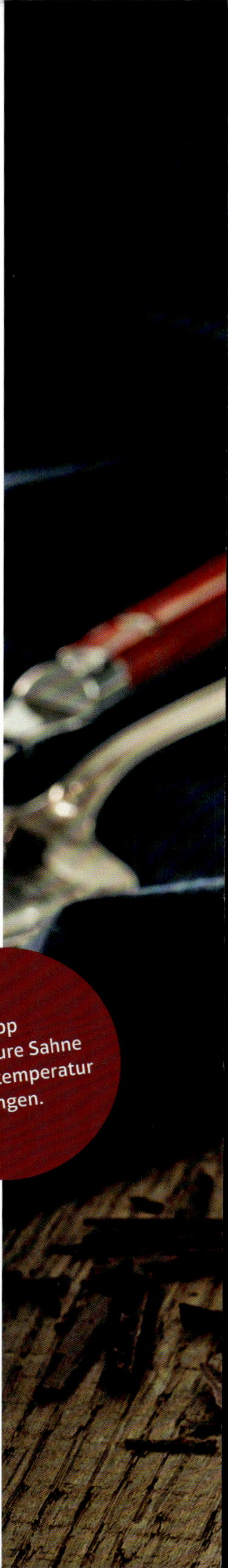

Boden:
Den Backofen auf 175 °C vorheizen und die drei Springformen einfetten und mit Mehl bestreuen.
Die Butter schmelzen und abkühlen lassen.
Mehl, Kakaopulver, Backpulver und Natron in einer großen Schüssel mischen. Salz, Zucker, Ei, Sauerrahm, geschmolzene Butter und heißes Wasser hinzufügen und mit einem Handrührgerät verrühren, bis der Teig ganz glatt ist.
Den Teig in drei Portionen aufteilen, auf die Springformen verteilen und 20–22 Minuten backen.
Die Böden dann ca. 10 Minuten auskühlen lassen, auf ein Drahtgestell stürzen und vollständig auskühlen lassen.

Kirschen:
Kirschen waschen und halbieren und entkernen. In einen Topf mit Zitronensaft, Kirschlikör und Zucker geben. Zum Kochen bringen und ca. 5 Minuten köcheln lassen, dabei sorgfältig hin- und herrühren, bis die Kirschen weich sind, aber nicht matschig.
Die Mischung durch ein Sieb gießen, dabei die Flüssigkeit auffangen. Die Kirschen in eine Schüssel geben und abkühlen lassen.
Mit einem Zahnstocher Löcher in die Tortenböden piksen und mit etwas Kirschflüssigkeit nappieren. Für einen dickeren Sirup, der über den Kuchen gegossen werden kann, die restliche Flüssigkeit wieder in den Topf geben und für ca. 5 Minuten einkochen. In eine Schüssel geben und vollständig abkühlen lassen.

Schokoladen-Ganache:
Die Schokolade feinhacken und in eine Schüssel geben.
Die Sahne und die Butter in einem Topf erhitzen, aber nicht kochen, dann die heiße Mischung auf die Schokolade gießen. 30 Sekunden warten, dann rühren, bis die Creme ganz glatt ist. Auf streichfähige Konsistenz abkühlen lassen.

Mascarpone-Zuckerguss:
Die Mascarpone mit dem Zucker schlagen, bis sie cremig ist. Die Sahne hinzufügen und solange schlagen, bis der perfekte Guss entstanden ist.

Aufbau:
Den ersten Boden auf eine Servierplatte oder einen Kuchenständer setzen. Darauf eine dicke Schicht von dem Mascarpone-Zuckerguss geben, die Hälfte der Kirschen daraufsetzen und darüber einen Teil der geriebenen bzw. gehobelten Schokolade geben.
Die nächste Kuchenschicht aufsetzen und die gleichen Schritte wie vorher wiederholen. Dann mit der dritten und letzten Kuchenschicht abschließen.
Eine dicke Schicht der Ganache auf dem Boden verteilen.

Dekoration:
Nach Wunsch mit frischen Kirschen, Schokoladenspänen und Kirsch-Sirup verzieren.

Tipp
Eventuell einen Spieß zur Stabilisierung in die Mitte stecken.

20

Schwedische Smörgas-Sandwich-Torte

Für eine 20er-Springform

Zutaten

Für das Brioche-Brot:
200 ml lauwarmes Wasser
4 EL Milch
1 Würfel frische Hefe
1 El Zucker
1 TL Salz
100 g geschmolzene Butter
500 g Mehl Typ 550
1 Ei

Für die Räucherlachs-Pâté:
250–300 g geräucherter Lachs
150 ml Crème fraîche
(je nach Größe des Lachses
evtl. mehr)
Abrieb einer halben,
unbehandelten Bio-Zitrone
1 Bund Dill
1 EL frisch geriebener
Meerrettich
2 EL körniger Dijonsenf
Salz und Pfeffer

Für den Krabbensalat mit Honig-Senf-Mayonnaise:
300 g Krabbenfleisch
70 ml Milch
200 ml Rapsöl
2 TL grobkörniger Senf
1 TL Apfelessig
1 TL Honig
Salz und Pfeffer
Dill, fein gehackt

Für die Frischkäsecreme:
500 g Frischkäse
frisch geriebener Meerrettich
Salz und Pfeffer
etwas Zitronenabrieb

Außerdem:
streichfähige Butter

Brioche-Brot:

Den Backofen auf 160 °C vorheizen.

Das Wasser (1) und die Milch in eine Schüssel geben (2) und die Hefe dazubröckeln (3). Den Zucker dazugeben und alles verrühren (4). Etwas gehen lassen (5).

In einer großen Schüssel Mehl und Salz verrühren (6). Das Ei (7) und die geschmolzene Butter (8) hinzugeben und leicht verrühren. In die Mitte eine Mulde drücken und die Hefemischung dazugeben. Nun so lange kneten, bis ein glatter, geschmeidiger Teig entsteht (9). Eventuell noch etwas Mehl hinzugeben.

Den Teig abgedeckt an einem warmen Ort gehen lassen. Optimal ist eine Stunde.

Dann den Teig noch einmal durchkneten und in eine gefettete Form geben. Erneut 30 Minuten gehen lassen und danach im Ofen bei 160 °C ca. 30 Minuten backen.

Räucherlachs-Pâté:

Den Lachs häuten, entgräten und zusammen mit der sehr kalten Crème fraîche pürieren. Den Dill fein hacken und zusammen mit dem Meerrettich, dem Senf und den Gewürzen nach Geschmack vermischen.

Krabbensalat mit Honig-Senf-Mayonnaise:
Öl, Milch und Senf in ein hohes Gefäß geben und mit dem Mixstab so lange mixen, bis eine feste Mayonnaise entstanden ist. Den Essig und den Honig unterrühren, mit Salz und Pfeffer würzen und den fein gehackten Dill unterheben. Die Krabben dazugeben und alles miteinander vermengen.

Frischkäsecreme:
Alle Zutaten miteinander vermischen und nach Geschmack mit den Gewürzen abschmecken.

Aufbau:
Das Brot waagerecht in drei „Tortenböden" teilen, dabei eventuell den Deckel ein wenig begradigen. Den unteren Boden mit Butter bestreichen und gleichmäßig die Räucherlachs-Pâté darauf verteilen. Den zweiten Boden darauf setzen, erneut mit Butter bestreichen und den Krabbensalat darauf geben. Ebenfalls glatt streichen und mit dem 3. Boden abschließen. Die Torte rundherum mit der Frischkäsecreme bestreichen.

Dekoration:
Nach Geschmack mit Kresse, Kräutern, Kaviar, hart gekochten Eiern, Krabben oder Räucherfisch dekorieren.

Schweinchen-torte

Für eine 16er-Springform

Zutaten

Für den Boden:
3 Eier
100 g Zucker
65 g Mehl
1 Pck. Vanille-Puddingpulver

Für die Erdbeer-Joghurt-Creme:
200 g Schokoriegel
7 Blatt Gelatine
500 g Erdbeeren
750 g Schmand
200 g Schlagsahne
1 Pck. Vanillezucker
25 g Zucker

Für die Ganache:
200 ml Schlagsahne
50 g Butter
150 g Zartbitter-kuvertüre

Für die Dekoration:
4 Packungen-Schoko-/Vanille-Röllchen
Fondant, rosa
Schleifenband

Außerdem:
Backpapier

Boden:
Den Backofen auf 175 °C vorheizen und die Springform mit Backpapier auslegen.
3 Eier und 100 g Zucker ca. 5 Minuten schaumig schlagen, anschließend das Mehl und das Puddingpulver hinzurühren. Den Teig auf die Springform verteilen und ca. 12 – 15 Minuten backen. Anschließend auskühlen lassen.

Erdbeer-Joghurt-Creme:
In der Zwischenzeit wird die Creme vorbereitet. Die Schokoriegel klein hacken und die Gelatine in kaltem Wasser einweichen. Die Erdbeeren waschen und klein schneiden.
Den Schmand und 25 g Zucker fest schlagen. Die Gelatine ausdrücken und bei niedriger Hitze in einem Topf auflösen. 3 EL der Schmandmasse unter die Gelatine rühren und dann unter die übrige Masse mischen. Die Sahne steif schlagen, dabei den Vanillezucker einrieseln lassen.
Erst die Sahne, dann die Erdbeeren und zum Schluss die Schokoriegelstückchen unter die Schmandmasse heben.

Aufbau:
Einen Tortenring um den Boden legen und die Creme darauf verteilen. Hier aufpassen, dass die Torte später nicht höher wird, als die Schoko-/Vanille-Röllchen (auf die Creme kommen später noch die Ganache und die Schweinchen. Die Waffelröllchen müssen überstehen). Die Torte nun in den Kühlschrank stellen. Sobald die Creme fest geworden ist, kann die Torte aus dem Kühlschrank genommen werden. Den Tortenring entfernen und die Schoko-/Vanille-Röllchen ringsherum an den Rand drücken.

Ganache:
Für die Ganache wird in einem Topf 200 ml Sahne erwärmt, dazu 50 g Butter geben. Die Kuvertüre klein hacken, zu der warmen Sahne geben und unter ständigem Rühren erhitzen, bis die Kuvertüre vollständig geschmolzen ist und eine dickflüssige Masse entsteht. Diese dann in eine Schüssel umfüllen und in den Kühlschrank stellen.

Dekoration:
Die Schweinchen aus dem rosa Fondant formen. Nun die abgekühlte Ganache auf die Erdbeer-Joghurt-Creme geben. Die Schweinchen sofort darauf platzieren und die Torte durchkühlen lassen.

Schwerelos-Torte

Für zwei 20er-Springformen

Zutaten

Für den Boden:
100 g ungesüßter Kakao
250 ml kochendes Wasser
150 g Kristallzucker
250 g weiche Butter
450 g Mehl 550
1 TL Backpulver
1 TL Natron
2 Pck. Vanillezucker
4 Eier

Für die Nutella-Creme:
250 g Mascarpone
350 g Nutella

Für den Belag:
800 ml Schlagsahne
1 Pck. Sahnesteif

Für die Dekoration:
Verschiedene runde Pralinen
Keksstangen mit Schokoladenüberzug
2 Holz-Essstäbchen
1 leichte, leere Schachtel

Tipp
Die Böden und die Nutellacreme am besten am Vortag erstellen und richtig durch- und auskühlen lassen.

Boden:
Kakao mit heißem Wasser in eine Schüssel geben und 3 Minuten rühren. Zucker und Vanillezucker zugeben und weitere 3 Minuten rühren. Nach und nach unter Rühren die weiche Butter dazugeben. Mehl, Backpulver und Natron mischen und ebenfalls löffelweise unter Rühren zugeben. Zum Schluss die Eier dazugeben.
Den Teig in zwei gefettete und mehlierte Springformen geben und bei 180 °C ca. 30 Minuten backen. Falls keine zweite Form zur Hand ist, nacheinander backen. Den Boden etwas abkühlen lassen, aus der Form lösen und auf ein Gitter setzen.

Nutella-Creme:
Die Mascarpone mit der Nutella glatt rühren und in den Kühlschrank stellen.

Aufbau:
Am nächsten Tag die Böden begradigen. Den ersten Boden auf eine Platte setzen und mit Nutellacreme bestreichen.
Den zweiten Boden daraufsetzen und etwas festdrücken. Dann die Torte mit der restlichen Creme einstreichen und wieder kalt stellen.

Belag:
Die Sahne in einer eiskalten Schüssel mit dem Sahnesteif sehr steif schlagen. Ebenfalls kalt stellen.

Aufbau:
Nun die Torte mit der Hälfte der Sahne einstreichen. Die Essstäbchen für die spätere Pralinenkaskade in die Torte stecken und mit Sahne einstreichen. Wieder kalt stellen.
Die Torte aus dem Kühlschrank nehmen und die Keksstangen um die Torte herum an die Sahne drücken. Die ersten Pralinen um die Essstäbchen positionieren. Wieder kalt stellen. Schrittweise weitere Pralinen an den Essstäbchen andrücken und immer wieder kühlen. Zum Schluss die Schachtel positionieren und bis zum Servieren wieder kalt stellen.

23

Spiraltorte mit Beeren

Für ein ca. 30 x 45 cm großes Backblech

Zutaten

Für den Boden:
120 g Mehl
75 g Zucker
1 TL Backpulver
1 Prise Salz
125 ml Öl
60 ml Wasser
4 Eigelb
Mark einer Vanilleschote
6 Eiweiß
etwas Zitronensaft

Für die Creme:
300 ml Sahne
90 g Puderzucker
500 g frische Himbeeren
(oder andere Beeren)
100 g geröstete Mandelblättchen

Außerdem:
Backpapier

Boden:
Den Backofen auf 160 °C vorheizen und das Backblech mit Backpapier auslegen. Damit das Papier besser hält, das Backblech einfetten. Das Papier zusätzlich mit Mehl bestäuben.
Eiweiß in einer separaten Schüssel zuerst langsam, dann stärker schlagen und während des Schlagens ein paar Tropfen Zitronensaft und nach und nach ¼ des Zuckers hinzufügen. So lange schlagen, bis es ganz fest ist.
Das Mehl, den restlichen Zucker, das Backpulver und das Salz in eine separate Schüssel geben und mischen. Das Eigelb, das Öl, das Wasser und die Vanille kräftig verrühren. Nun löffelweise die Mehlmischung zugeben. Zum Schluss das Eiweiß unterheben, bis ein homogener Teig entstanden ist. Teig in die vorbereitete Form gießen und für 18–20 Minuten backen. Kuchen aus dem Ofen nehmen und abkühlen lassen.

Creme:
Die Sahne mit dem Zucker in eine gekühlte Schüssel geben und steif schlagen. 100 g der Himbeeren pürieren und durch ein Sieb streichen. Das Himbeermark unter die Sahne geben, bis diese eine gleichmäßige rote Farbe hat.

Aufbau:
Den Tortenboden der Länge nach in fünf gleichgroße Streifen schneiden (1). Etwas mehr als die Hälfte der Creme darauf geben und glatt verstreichen. Die restlichen Himbeeren klein schneiden und auf der Creme verteilen, ebenso die Mandelblättchen. Den ersten Streifen sanft aufrollen (2) und in der Mitte der Tortenplatte aufstellen (3). Das zweite Band um das erste rollen, dort ansetzen, wo der erste Streifen endet und den Vorgang wiederholen, bis keine Streifen mehr da sind. Den Kuchen mit der restlichen Himbeersahne einstreichen. Nach Belieben mit Himbeeren und Mandelblättchen dekorieren.

Tipp
Frische Stachelbeeren lassen sich bei diesem Rezept gut durch 2 Gläser Stachelbeeren ersetzen. Die Beeren abtropfen lassen, dabei den Saft auffangen. Anschließend wie im Rezept beschrieben weiterverarbeiten.

Stachelbeer-torte

Für eine 20er-Springform

Rezept aus EINFACH HAUSGEMACHT Mein Magazin für Haus und Küche

Zutaten

Teig:
60 g Zartbitter-Schokolade
2 Eier
60 g zimmerwarme Butter
50 g brauner Zucker
45 g Weizenvollkornmehl
½ Pck. Backpulver
45 g gemahlene Haselnüsse
45 g gehackte Haselnüsse

Belag:
420 g rote oder grüne Stachelbeeren
½ Vanilleschoten
70 g Zucker
½ Pck. Tortenguss weiß
240 g Mascarpone
50 g Puderzucker
1 Pck. Vanillezucker
150 g Sahne
½ Pck. Sahnesteif
30 g Zartbitter-Schokolade

Außerdem:
Backpapier, Tortenring

1

2
KRUPS

3

4

5

6

7

Den Backofen auf 180 °C vorheizen. Den Boden einer Springform mit Backpapier auslegen.
Für den Teig die Zartbitter-Schokolade hacken (Bild 1), die Hälfte zum Bestreichen des Bodens beiseitestellen.
Für den Teig die Eier trennen und das Eiweiß steif schlagen. Die Butter und den braunen Zucker cremig rühren (2). Nach und nach das Eigelb zugeben und alles zu einer schaumigen Masse verschlagen. Das Mehl, das Backpulver, die Nüsse und die gehackte Schokolade vermischen und zusammen mit dem Eischnee unter die Masse heben (3).
Den Teig in die Springform streichen und im vorgeheizten Backofen 25–30 Minuten backen. Aus der Form lösen und abkühlen lassen.
In der Zwischenzeit für den Belag die Stachelbeeren waschen, die Stiel- und Blütenansätze vorsichtig abschneiden. Die Vanilleschote längs halbieren und das Mark mit dem Messerrücken herausstreifen. Stachelbeeren, Zucker, Vanilleschote, -mark und 75 ml Wasser in einem Topf aufkochen.
Ca. 5 Minuten köcheln lassen, bis die Früchte weich sind, aber noch nicht zerfallen (4).
Die Vanilleschote entfernen.
Die Stachelbeeren in einem Sieb abtropfen lassen, dabei den Fruchtsaft auffangen.
Die beiseitegestellte Zartbitter-Schokolade über einem Wasserbad schmelzen. Dünn auf den Boden streichen (5) und fest werden lassen. Einen Tortenring um den Boden spannen.
Die abgekühlten Stachelbeeren darauf verteilen (6).
Den Tortenguss mit 3 EL Fruchtsaft verrühren. 125 ml Fruchtsaft aufkochen und mit dem Tortenguss binden. Sofort über die Stachelbeeren geben und abkühlen lassen.
Mascarpone, Puder- und Vanillezucker verrühren (7). Die Sahne mit dem Sahnesteif steif schlagen und unterheben. Die Creme auf den Stachelbeeren verteilen (8) und mit einem Löffelrücken Wellen hineindrücken.
Die Zartbitter-Schokolade in Röllchen über die Torte hobeln (9).

Walnusstorte

Für eine 20er-Springform

Variation:
Die Torte komplett mit geschlagener Sahne überziehen. Dann bleibt die obere Schicht so weiß, wie in Schritt 5 zu sehen.
Der Biskuitteig erhält ein besonders großes Volumen, wenn die Eier getrennt aufschlagen werden.

Zutaten

Boden:
50 g Walnüsse
4 Eier
90 g Zucker
110 g Mehl
1 gestr. TL Backpulver
20 g Semmelbrösel
1 Prise Salz

Füllung:
120 g Kuvertüre
480 g Sahne
1–2 cl Weinbrand
1 gehäufter EL Cappuccinopulver

Garnitur:
120 g Zartbitter-schokolade
8 Walnusshälften
Kakaopulver

Außerdem: Backpapier

Den Backofen auf 160 °C vorheizen. Eine Springform mit Backpapier auslegen.
Für den Boden die Walnüsse grob hacken. Die Eier mit dem Zucker weißschaumig schlagen. Walnüsse, Mehl, Backpulver, Semmelbrösel und Salz mischen und unter die Eimasse heben.
Den Teig in die Springform füllen.
Im vorgeheizten Backofen bei 160 °C etwa 40 Minuten backen.

Den abgekühlten Boden zweimal waagerecht durchschneiden.
Für die Füllung die Kuvertüre hacken. 100 ml Sahne aufkochen, vom Herd nehmen und die Kuvertüre darin schmelzen.
Den Weinbrand zugeben. Alle drei Böden mit der Weinbrandcreme bestreichen.
Die restliche Sahne steif schlagen und drei Viertel davon mit dem Cappuccinopulver verrühren.

Den Rest in einen Spritzbeutel mit Sterntülle füllen.

Die Böden mit der Cappuccinosahne schichten und den äußeren Rand damit bestreichen. Für die Garnitur die Schokolade im Wasserbad schmelzen. Die Hälfte dünn auf ein ausgelegtes Backpapier streichen (Bild 1) und fest werden lassen. Für die Walnusslöffel von der restlichen Schokolade mit einem Esslöffel Kleckse auf ein Backpapier setzen (2). Diese mit einer Palette glatt ziehen (3). Walnusshälften in die Rundungen legen (4).

Die Schokoladenplatte in Stücke brechen und den Rand der Torte damit verzieren (5). Sahnetupfer entlang des Randes spritzen und mit etwas Kakao bestäuben. Die Walnusslöffel oben auflegen.

Schnupper-Rezept

II

Mini Lachs-Mangold-Aufläufe

IIII Personen

Zutaten

300 g Mangold
2 Zwiebeln
1 Knoblauchzehe
3 EL Butter
200 g Feta
Salz
Pfeffer
Muskatnuss
500 g Lachsfilet, küchenfertig, ohne Haut
Strudelteig 100 g
Öl für das Backblech
ca. 12 Eier

aus:

25 begeisternde Aufläufe
80 S. | Spiralbindung
€ 10,00
ISBN 978-3-7843-5519-1

Den Backofen auf 180 °C Ober- und Unterhitze vorheizen. Den Mangold waschen, verlesen, grob zerteilen und tropfnass in einer Pfanne mit etwas Butter dünsten, bis er zusammengefallen ist. Auf einen Teller geben und zur Seite stellen. Die Zwiebeln und den Knoblauch schälen und fein würfeln. Zusammen in heißer Butter 5 Minuten dünsten. Mit dem Mangold verrühren und mit Salz, Pfeffer und Muskat würzen.
Den Feta in kleine Würfel schneiden und unter die Masse heben.

Das Lachsfilet in ca. 5 cm große Würfel, den Strudelteig in ca. 10 cm große Quadrate scheiden und die Mulden eines Muffinbleches einfetten. Jeweils zwei Strudelteig-Quadrate in die einzelnen Mulden legen und sanft nach unten drücken.
Je einen Lachswürfel in eine Mulde legen und nun etwas von der Mangoldfüllung darauf geben. Nicht bis zum Rand füllen!
Anschließend auf jede Mulde ein Ei geben.
Im Backofen auf mittlerer Schiene ca. 20 Minuten garen.

25 begeisternde
Aufläufe
80 S. | Spiralbindung
€ 10,00
ISBN 978-3-7843-5519-1

25 begeisternde
Tortenrezepte
104 S. | Spiralbindung
€ 10,00
ISBN 978-3-7843-5518-4

25 begeisternde
Weihnachtsrezepte
104 S. | Spiralbindung
€ 10,00
ISBN 978-3-7843-5517-7

LV.Buch

Begeistern
Sie Ihre Gäste!
EINFACH HAUSGEMACHT
Alle 2 Monate neu!
Tel. 0 25 01/8 01 43 74
www.einfachhausgemacht.de
EINFACH HAUSGEMACHT
Mein Magazin für Haus und Küche
EINFACH
GEMACHT
vocado

Impressum

Herausgeber:
Thomas Richter

Rezepte:
Janny Hebel, www.artcuisine.eu, S. 12/20/25/28/32/36/48/70/92/96 EINFACH HAUSGEMACHT

Fotografie:
Fotowerkstatt Astrid Hafer (außer S. 12 Alexander Walter; S. 21/24/33/37/48 Manuela Rüther; S. 28 Winfried Heinze; S. 70/92 Oliver Brachat; S. 96 Susanne Frerichs)

Gestaltung:
Monika Wagenhäuser, LV.Buch

Lektorat:
Saskia Thiele, www.saskiathiele.de

Druck:
Griebsch & Rochol Druck GmbH, Hamm

ISBN 978-3-7843-5518-4